| 이 름 | 주 소 | 전화번호 | 비 고 |
|---|---|---|---|//

이 름	주 소	전화번호	비 고

담장 너머
Contents

06 북아메리카, 남아메리카 지도
North America, South America Map

08 아프리카, 유럽, 아시아 지도
Africa, Euro, Asia Map

10 한국 지도
Korea Map

12 우유니 소금사막
Salar de Uyuni

14 빅토리아 폭포
Victoria Falls

16 카파도키아
Cappadocia

18 그랜드캐니언
Grand Canyon

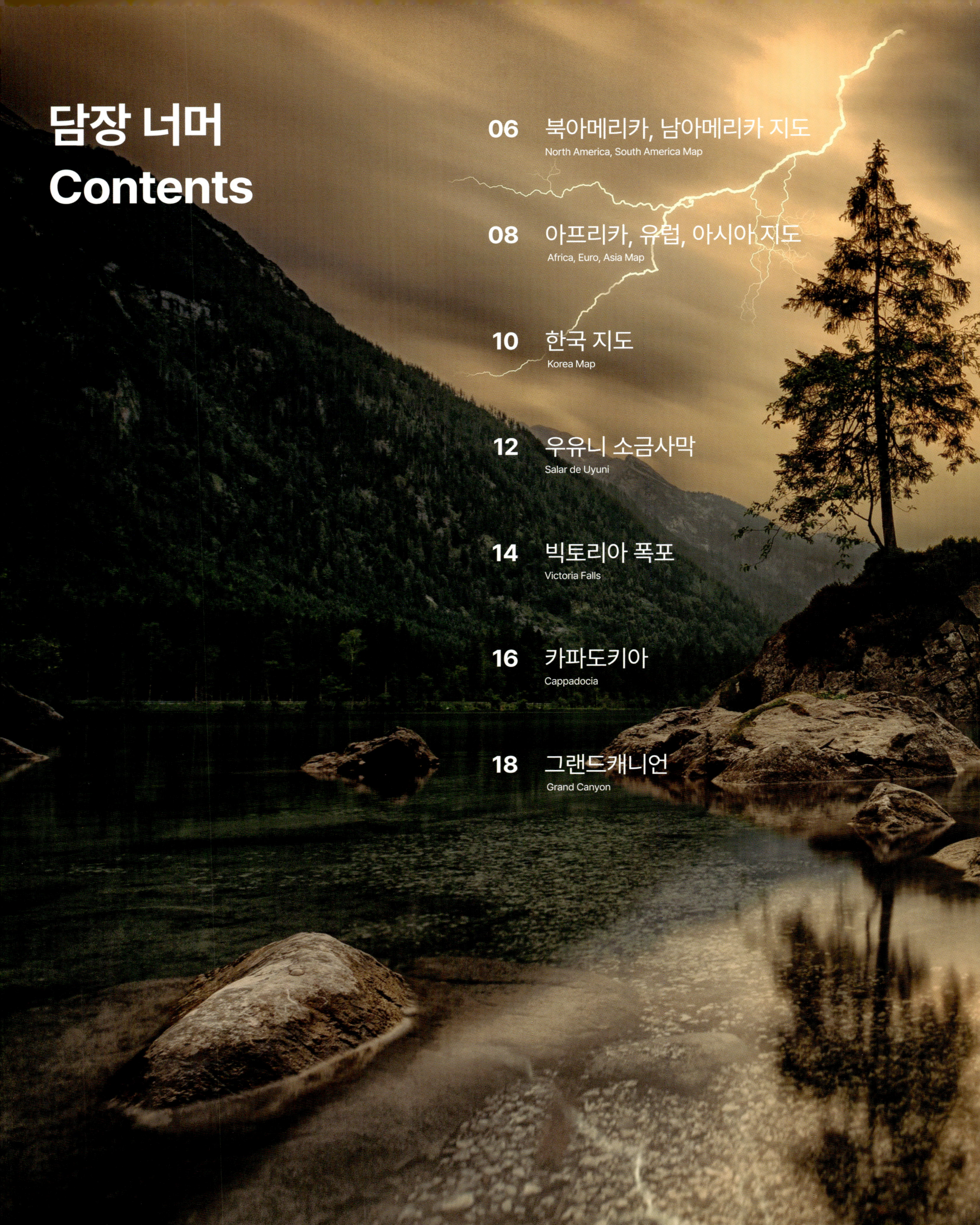

20 록키 마운틴
Rocky Mountains

22 알프스 산맥
Apls

24 피츠로이 국립공원
Fitz Roy

26 도량형 환산표

28 알파, 베타, 델타, 감마
그리스 알파벳 읽는법

30 허그 일자리 및 출소자 생계지원금
긴급 복지 지원 제도, 저소득층 기초 생활 보장, 허그일자리 지원 내용

36 각종 서류 양식
반성문, 항소이유서, 탄원서, 압수물 가환부신청서, 정보공개 청구서, 이력서, 보석허가 청구서 등

45 사서함 주소록

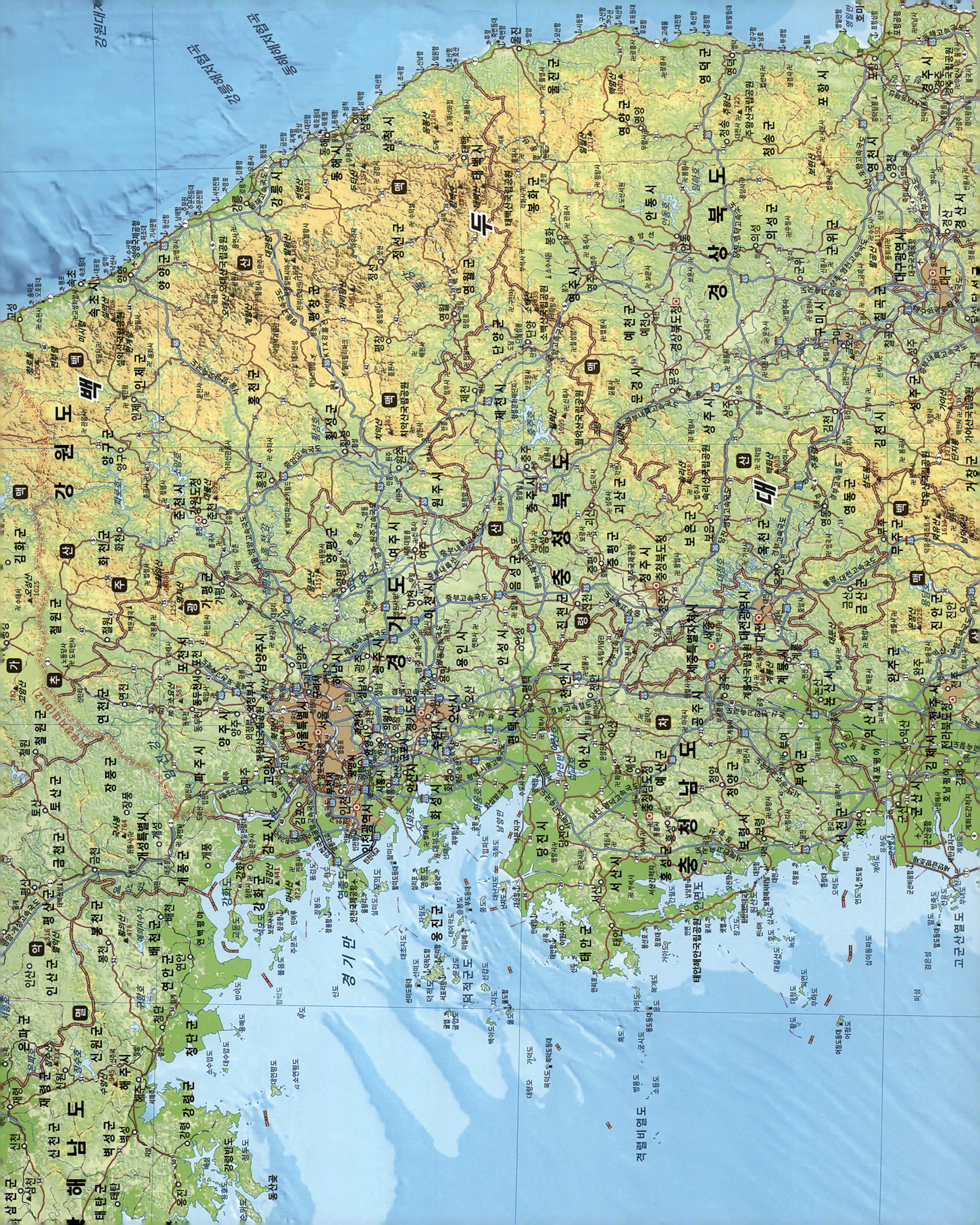

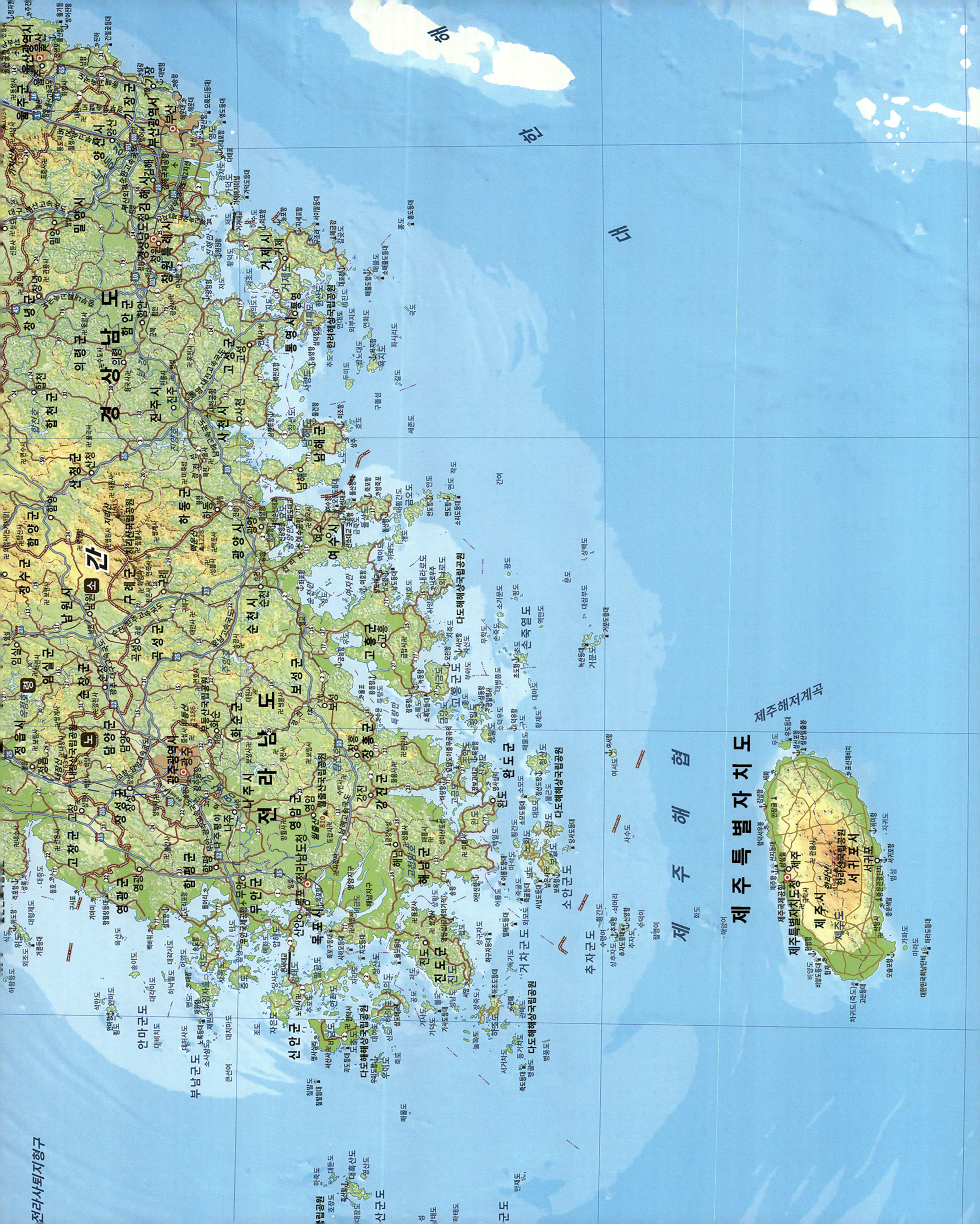

우유니 소금사막 (Salar de Uyuni)

국 가 : 볼리비아 Bolivia
위 치 : 볼리비아에 있는 건조 호수

면 적 : 10,600km²
날 씨 : 최저 5°C ~ 최고 21°C

우유니 소금사막(Salar de Uyuni)은 볼리비아 남서부 포토시주와 오루로주에 걸쳐 있는 세계 최대의 소금사막으로, 면적은 약 10,582km²에 달합니다. 해발 약 3,656m의 고지대에 위치한 이곳은 고대 호수의 증발로 형성된 평탄한 소금층으로 덮여 있으며, 그 두께는 최대 120m에 이릅니다. 우유니 사막은 '세상에서 가장 큰 거울'로 불립니다. 특히 12월부터 3월까지의 우기에는 얕은 물이 소금층 위에 고여 하늘과 구름, 별빛이 완벽하게 반사되어 환상적인 풍경을 연출합니다. 우유니 사막은 약 100억 톤의 소금을 보유하고 있으며, 세계 리튬 매장량의 약 70%가 이곳에 집중되어 있습니다. 리튬은 전기차 배터리와 스마트폰 등에 사용되는 핵심 자원으로, 이 지역의 경제적 중요성을 높이고 있습니다. 사막의 생태계는 제한적이지만, 11월에는 칠레홍학, 안데스홍학, 제임스홍학 등 세 종의 홍학이 번식지로 이용합니다. 또한, 사막 주변의 섬들에는 선인장과 비스카차(토끼와 비슷한 설치류)가 서식하고 있습니다.

빅토리아 폭포 (Victoria Falls)

국 가 : 아프리카 잠비아(Zambia), 짐바브웨(Zimbabwe)
위 치 : 아프리카 남부, 잠비아와 짐바브웨 국경
면 적 : 넓이 약 1,708m 높이 최대 108m
날 씨 : 최저 7°C ~ 최고 34°C

빅토리아 폭포(Victoria Falls)는 아프리카 잠비아(Zambia)와 짐바브웨(Zimbabwe)의 국경을 따라 흐르는 잠베지강(Zambezi River) 위에 형성된 세계에서 가장 장대한 폭포 중 하나입니다. 로컬 언어로는 "모시 오아 툰야(Mosi-oa-Tunya)", 즉 "천둥치는 연기(The Smoke that Thunders)"라 불립니다. 세계에서 가장 웅장한 폭포 중 하나로 폭포의 높이와 폭을 합친 면적 기준으로는 세계 최대 규모이며, 연중 강우량이 많은 2~5월에는 어마어마한 수량의 물이 떨어져 내려 약 400m 거리에서도 물보라를 볼 수 있습니다. 낙하하는 물이 바위틈에 부딪히며 내는 소리는 "천둥치는 연기"라는 별명 그대로 폭발음 같은 소리를 냅니다. 습한 공기와 햇빛의 굴절로 쌍무지개 또는 **야간 달무지개(문보우)**가 자주 관측되며, 사진가와 관광객에게 인기가 높습니다. 1855년 영국 탐험가 데이비드 리빙스턴(David Livingstone)이 유럽인 최초로 발견, 당시 영국 여왕 이름을 따서 '빅토리아 폭포'라고 명명하였습니다. 폭포 수량은 시속 100km 이상의 속도로 낙하할 수 있으며, 분당 약 5억 리터가 떨어질 수 있습니다.

카파도키아 (Cappadocia)

국 가 : 튀르키예 (Turkiye)
위 치 : 튀르키예 중부 아나톨리아 고원

면 적 : 10,400,000 km²
날 씨 : 최저 −6°C ~ 최고 32°C

카파도키아(Cappadocia)는 터키 중부 아나톨리아 고원에 위치한 역사적·지질학적 명소로, 고대 도시들과 신비로운 자연 경관이 어우러진 지역입니다. 이곳은 수천 년에 걸친 인류의 흔적과 화산 활동이 만들어낸 독특한 지형으로 유명합니다. 특징적인 풍경으로는 요정의 굴뚝이라고 불리며, 바람과 비에 의해 조각된 고깔 모양의 기암들로, 카파도키아의 상징입니다. 고대인들은 이 암석들을 뚫어 집, 교회, 수도원, 무덤으로 사용했습니다. 괴레메 국립공원은 유네스코 세계유산(1985)으로 지정된 지역으로, 바위에 새겨진 비잔틴 시대의 벽화가 있는 교회들이 다수 존재합니다. 열기구 체험도 할 수 있으며, 일출 시간에 떠오르는 수백 개의 열기구는 세계적으로 유명한 광경으로, 카파도키아 관광의 하이라이트입니다. 카파도키아는 <반지의 제왕>, <스타워즈> 등의 촬영지로도 거론될 만큼 이질적이고 판타지적인 분위기를 자랑합니다. 바위에 새겨진 **비둘기집(Pigeon Houses)**은 거름을 수집하기 위해 만든 구조물로, 전통 농업 방식의 일부였습니다.

그랜드캐니언 (Grand Canyon)

국 가 : 미국 (America)
위 치 : 미국 애리조나주 북부

면 적 : 길이 약 446km 폭 평균 16km 깊이 약 1.8km
날 씨 : 최저 -10°C ~ 최고 30°C

그랜드 캐니언(Grand Canyon)은 미국 애리조나주 북부에 위치한 세계에서 가장 유명한 자연 경관 중 하나로, 콜로라도 강이 수백만 년 동안 깎아 만든 깊고 광활한 협곡입니다. 그 규모와 지질학적 가치, 풍경의 장엄함으로 인해 매년 수백만 명이 찾는 명소이며, 1979년에는 유네스코 세계자연유산으로 지정되었습니다. 그랜드 캐니언의 세계적 가치는 단지 "깊고 큰 협곡"이라는 말로는 다 담기지 않습니다. 이곳은 지구의 역사책이 펼쳐진 장소이자, 인류와 자연이 함께 만들어낸 시간의 예술 작품이라 할 수 있습니다. 그랜드 캐니언의 절벽을 보면, 마치 거대한 책장을 넘기듯 지층 하나하나가 시간의 페이지를 보여줍니다. 가장 아래층은 약 20억 년 전 바다에서 형성된 암석이고, 위로 올라갈수록 점점 최근의 흔적들이 드러나죠. 이 협곡은 지질학자들에게는 교과서 그 자체입니다. 지구가 어떻게 변해왔는지를 실제로 눈으로 볼 수 있는 드문 장소입니다.

로키산맥 (Rocky Mountains)

국 가 : 캐나다 (Canada)
위 치 : 캐나다 서부 브리티시컬럼비아주, 앨버타주 사이
면 적 : 전체길이 약 4,800km
날 씨 : 최저 −14°C ~ 최고 24°C

캐나다의 로키산맥(Rocky Mountains)은 자연의 웅장함과 순수함을 그대로 간직한 세계적인 산악 지대입니다. 웅장한 산봉우리, 푸른 빙하호수, 울창한 침엽수림, 그리고 다양한 야생동물들이 어우러져, 북미 대륙에서 가장 경이로운 풍경을 자랑합니다. 캐나다 서부에는 자연이 수백만 년 동안 조각해낸 웅장한 산악지대, 바로 로키산맥이 펼쳐져 있습니다. 이곳에는 4개의 국립공원과 3개의 주립공원이 자리하고 있으며, 이 전체 지역은 유네스코가 세계자연유산으로 지정한 소중한 자연의 보고입니다. 밴프 국립공원, 재스퍼 국립공원, 요호 국립공원, 쿠트니 국립공원 이렇게 있습니다. 이 네 개의 국립공원은 단순한 관광지를 넘어서, 지질학적 다양성, 빙하 지형, 생태계 보존, 야생 동물 보호 등 과학적·문화적 가치가 매우 뛰어납니다. 그래서 유네스코는 이곳을 1984년에 세계자연유산으로 지정하였고, 지금까지도 전 세계적으로 보호와 연구가 함께 이루어지고 있습니다.

알프스 산맥 (Alps)

국 가 : 스위스 (Swiss)
위 치 : 스위스 남부 전역에 걸쳐있음 (국토의 약 60% 차지)
면 적 : 해발 4,478m
날 씨 : 최저 -15°C ~ 최고 22°C

스위스 알프스 산맥(Swiss Alps)은 유럽 대륙의 심장이자, 세계에서 가장 아름다운 산악 지대 중 하나로 꼽힙니다. 웅장한 설산, 에메랄드빛 호수, 그림 같은 목장과 마을이 어우러진 이곳은, 자연의 경이로움과 인간의 정교한 공존을 동시에 보여주는 곳입니다. 스위스 알프스는 유럽 중부에 펼쳐진 세계적인 산악지대로, 웅장한 자연경관과 생태 다양성으로 유명합니다. 대표적인 명소로는 피라미드형의 마터호른, 융프라우 3봉, 듀포르슈피체가 있으며, 체르마트와 인터라켄 같은 마을이 산속에 조화를 이루고 있습니다. 융프라우요흐는 세계 최고 고도 기차역으로, 알프스 빙하를 가깝게 체험할 수 있는 상징적 장소입니다. 알레치 빙하는 유럽에서 가장 긴 빙하로, 유네스코 세계자연유산으로 보호되고 있습니다. 이 지역은 하이킹, 스키, 열차 여행 등 사계절 관광이 활발하며, 친환경 정책이 잘 정착된 곳입니다.
스위스 알프스는 자연, 문화, 기술이 조화를 이룬 세계 최고의 친환경 산악 관광지입니다.

피츠로이 국립공원 (Fitz Roy)

국 가 : 아르헨티나 (Argentina)
위 치 : 파나고니아, 산타크루즈 주

면 적 : 약 7,269km²
날 씨 : 최저 -2.9°C ~ 최고 1.4°C

피츠로이 국립공원(Fitz Roy / Los Glaciares National Park)은 남미 아르헨티나 파타고니아 지역에 위치한 세계적인 자연 명소입니다. 특히 피츠로이 산(Mount Fitz Roy)은 그 절경으로 인해 등산가, 사진작가, 트레커들에게 "죽기 전에 꼭 가봐야 할 산"으로 손꼽히며, 안데스 산맥의 순수하고 야생적인 아름다움을 간직한 곳입니다. 현지 원주민들은 이 산을 "연기 나는 산(El Chaltn)"이라 불렀으며, 지금은 인근 마을의 이름으로도 쓰입니다. 피츠로이는 날카롭게 솟은 능선과 절벽으로 유명하며, 세계에서 가장 도전적인 등반지 중 하나로 꼽힙니다. 산은 로스 글라시아레스 국립공원 북쪽에 속해 있으며, 유네스코 세계자연유산 지역에 포함됩니다. 주변에는 수많은 빙하와 호수가 펼쳐져 있어, 트레킹과 풍경 감상에 최적인 장소입니다. 대표적인 트레킹 코스는 'Laguna de los Tres'로, 피츠로이를 정면에서 조망할 수 있는 포인트입니다. 피츠로이는 단순한 산이 아닙니다. 그것은 파타고니아의 영혼이자, 대자연 앞에서 인간이 느낄 수 있는 겸허함과 열망의 상징입니다.

1 도량형 환산표 (무게)

단위	그램	킬로그램	톤	그레인	온스	파운드	돈	근	관
1g	1	0.001	0.000001	15.432	0.03527	0.0022	0.26666	0.00166	0.000266
1kg	1000	1	0.001	15432	35.273	2.20459	266.666	1.6666	0.26666
1t	1000000	1000	1	....	35273	2204.59	266666	1666.6	266.666
1grain	0.06479	0.00006	....	1	0.00228	0.00014	0.01726	0.00108	0.000017
1oz	28.3495	0.2835	0.000028	437.4	1	0.0625	7.56	0.0473	0.00756
1lb	453.592	0.45359	0..00045	7000	16	1	120.96	0.756	0.12096
1돈	3.75	0.00375	0.000004	57.872	0.1323	0.00827	1	0.00625	0.001
1근	600	0.6	0.0006	9259.556	21.1647	1.32279	160	1	0.16
1관	3750	3.75	0.00375	57872	132.28	8.2672	1000	6.25	1

2 도량형 환산표 (길이)

단위	센티미터	미터	인치	피트	야드	마일	자	간	정	리
1cm	1	0.01	0.3937	0.0328	0.0109	....	0.033	0.0055	0.00009	....
1m	100	1	39.37	3.2808	1.0936	0.0006	3.3	0.55	0.00917	0.00025
1inch	2.54	0.0254	1	0.0833	0.0278	....	0.0838	0.014	0.0002	....
1ft	30.48	0.3048	12	1	0.3333	0.00019	1.0058	0.1676	0.0028	....
1yd	91.438	0.9144	36	3	1	0.0006	3.0175	0.5029	0.0083	0.0002
1mile	160930	1609.3	63360	5280	1760	1	5310.8	885.12	14.752	0.4098
1자	30.303	0.30303	11.93	0.09942	0.3314	0.0002	1	0.1667	0.0028	0.00008
1간	181.818	1.818	71.582	5.965	1.9884	0.0011	6	1	0.0167	0.0005
1정	10909	109.091	4294.9	357.91	119.304	0.0678	360	60	1	0.078
1리	392727	3927.27	154616	12885	4295	2.4403	12960	2160	36	1

3 도량형 환산표 (면적)

단위	평방자	평	단보	정보	평방미터	아르	평방피트	평방야드	에이커
1평방자	1	0.02778	0.00009	0.000009	0.09182	0.00091	0.98841	0.10982	....
1평	36	1	0.00333	0.00033	3.3058	0.03305	35.583	3.9537	0.00081
1단보	10800	300	1	0.1	991.74	9.9174	10674.9	1186.1	0.24506
1정보	108000	3000	10	1	9917.4	99.174	106794	11861	2.4506
1m^2	10.89	0.3025	0.001008	0.0001	1	0.01	10.764	1.1958	0.00024
1a	1089	30.25	0.10083	0.01008	100	1	1076.4	119.58	0.02471
1평방피트	1.0117	0.0281	0.00009	0.000009	0.092903	0.000929	1	0.1111	0.000022
1평방야드	9.1055	0.25293	0.00084	0.00008	0.83613	0.00836	9	1	0.000207
1에이커	44071.2	1224.2	4.0806	0.40806	4049.8	40.468	43560	4840	1

4 도량형 환산표 (부피)

단위	홉	되	말	입방센치	입방미터	리터	입방인치	입방피트	입방야드	갤론
1홉	1	0.1	0.01	180.39	0.00018	0.18039	11.0041	0.0066	0.00023	0.04765
1되	10	1	0.1	1803.9	0.00180	1.8039	110.041	0.0637	0.00234	0.47656
1말	100	10	1	18039	0.01803	18.039	1100.41	0.63707	0.02359	4.76567
1입방센치	0.00554	0.00055	0.00005	1	0.00001	0.001	0.06102	0.00003	0.00001	0.00026
1입방미터	5543.52	554.325	55.4352	1000000	1	1000	61027	35.3165	1.30820	264.186
1리터	5.54352	0.55435	0.05543	1000	0.001	1	61.027	0.03531	0.00130	0.26418
1입방인치	0.09083	0.00908	0.00091	16.386	0.00001	0.01638	1	0.00057	0.00002	0.00432
1입방피트	156.966	15.6666	1.56966	28316.8	0.02831	28.3169	1728	1	0.03703	7.48051
1입방야드	4238.09	423.809	42.3809	764511	0.76451	764.511	46656	27	1	201.974
1갤론	20.9833	2.0983	0.20938	3785.43	0.00378	3.78543	231	0.13368	0.00495	1

알파 베타 델타 감마 그리스 알파벳 읽는 방법

순 서	대문자	소문자	영 어	한 글
1	Α	α	Alpha	알파
2	Β	β	Beta	베타
3	Γ	γ	Gamma	감마
4	Δ	δ	Delta	델타
5	Ε	ε	Epsilon	엡실론 / 엡사일론
6	Ζ	ζ	Zeta	제타 / 지타 / 젯
7	Η	η	Eta	에타 / 이타
8	Θ	θ	Theta	세타 / 티타 / 씨타
9	Ι	ι	Iota	요타 / 아이오타
10	Κ	κ	Kappa	카파
11	Λ	λ	Lambda	람다
12	Μ	μ	Mu	뮤 / 미
13	Ν	ν	Nu	뉴 / 누 / 니
14	Ξ	ξ	Xi	크사이 / 크시 / 자이 / 시
15	Ο	ο	Omicron	오미크론
16	Π	π	Pi	파이 / 피
17	Ρ	ρ	Rho	로
18	Σ	σ	Sigma	시그마
19	Τ	τ	Tau	타우 / 타프
20	Υ	υ	Upsilon	입실론
21	Φ	φ	Phi	파이 / 피
22	Χ	χ	Chi	카이 / 히
23	Ψ	ψ	Psi	프사이 / 프시 / 싸이
24	Ω	ω	Omega	오메가 / 오미가

표준 화학 주기율표

1																	18
1 **H** 수소	2											13	14	15	16	17	**2** **He** 헬륨
3 **Li** 리튬	**4** **Be** 베릴륨											**5** **B** 붕소	**6** **C** 탄소	**7** **N** 질소	**8** **O** 산소	**9** **F** 플루오린	**10** **Ne** 네온
11 **Na** 소듐	**12** **Mg** 마그네슘	3	4	5	6	7	8	9	10	11	12	**13** **Al** 알루미늄	**14** **Si** 규소	**15** **P** 인	**16** **S** 황	**17** **Cl** 염소	**18** **Ar** 아르곤
19 **K** 포타슘	**20** **Ca** 칼슘	**21** **Sc** 스칸듐	**22** **Ti** 타이타늄	**23** **V** 바나듐	**24** **Cr** 크로뮴	**25** **Mn** 망가니즈	**26** **Fe** 철	**27** **Co** 코발트	**28** **Ni** 니켈	**29** **Cu** 구리	**30** **Zn** 아연	**31** **Ga** 갈륨	**32** **Ge** 저마늄	**33** **As** 비소	**34** **Se** 셀레늄	**35** **Br** 브로민	**36** **Kr** 크립톤
37 **Rb** 루비듐	**38** **Sr** 스트론튬	**39** **Y** 이트륨	**40** **Zr** 지르코늄	**41** **Nb** 나이오븀	**42** **Mo** 몰리브데넘	**43** **Tc** 테크네튬	**44** **Ru** 루테늄	**45** **Rh** 로듐	**46** **Pd** 팔라듐	**47** **Ag** 은	**48** **Cd** 카드뮴	**49** **In** 인듐	**50** **Sn** 주석	**51** **Sb** 안티모니	**52** **Te** 텔루륨	**53** **I** 아이오딘	**54** **Xe** 제논
55 **Cs** 세슘	**56** **Ba** 바륨	57-71 란타넘족	**72** **Hf** 하프늄	**73** **Ta** 탄탈럼	**74** **W** 텅스텐	**75** **Re** 레늄	**76** **Os** 오스뮴	**77** **Ir** 이리듐	**78** **Pt** 백금	**79** **Au** 금	**80** **Hg** 수은	**81** **Tl** 탈륨	**82** **Pb** 납	**83** **Bi** 비스무트	**84** **Po** 폴로늄	**85** **At** 아스타틴	**86** **Rn** 라돈
87 **Fr** 프랑슘	**88** **Ra** 라듐	89-103 악티늄족	**104** **Rf** 러더포듐	**105** **Db** 더브늄	**106** **Sg** 시보귬	**107** **Bh** 보륨	**108** **Hs** 하슘	**109** **Mt** 마이트너륨	**110** **Ds** 다름슈타튬	**111** **Rg** 뢴트게늄	**112** **Cn** 코페르니슘						

57 **La** 란타넘	**58** **Ce** 세륨	**59** **Pr** 프라세오디뮴	**60** **Nd** 네오디뮴	**61** **Pm** 프로메튬	**62** **Sm** 사마륨	**63** **Eu** 유로퓸	**64** **Gd** 가돌리늄	**65** **Tb** 터븀	**66** **Dy** 디스프로슘	**67** **Ho** 홀뮴	**68** **Er** 어븀	**69** **Tm** 툴륨	**70** **Yb** 이터븀	**71** **Lu** 루테튬
89 **Ac** 악티늄	**90** **Th** 토륨	**91** **Pa** 프로트악티늄	**92** **U** 우라늄	**93** **Np** 넵투늄	**94** **Pu** 플루토늄	**95** **Am** 아메리슘	**96** **Cm** 퀴륨	**97** **Bk** 버클륨	**98** **Cf** 캘리포늄	**99** **Es** 아인슈타이늄	**100** **Fm** 페르뮴	**101** **Md** 멘델레븀	**102** **No** 노벨륨	**103** **Lr** 로렌슘

범례:
- 20 — 원자번호
- Ca — 원소기호
- 칼슘 — 이름

- ■ 기체
- ■ 액체
- ■ 고체

색상:
- 금속
- 비금속
- 란타넘족
- 악티늄족

취업지원

허그일자리지원 프로그램 내용

1단계 (1개월내외) — **취업설계** | 상담 및 경로설정
- 심층상담
- 직업심리검사
- 집단상담
- 취업활동계획(IAP) 수립
- 참여수당 최대 25만원 (단, 출소예정자 미지급)

2단계 (6개월내외) — **직업능력개발** | 직업훈련 등 직업능력 향상 지원
- 개인별 취업 활동 계획에 따른 취·창업교육
- 교육비 최대 300만원
- 훈련참여수당 지원 (월 최대 284,000원)
- 훈련장려금 지원 (월 최대 116,000원)
  ※ 기초생활수급자 훈련수당 미지급

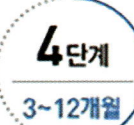

3단계 (3~6개월) — **취업성공** | 취·창업 성공을 위한 지원
- 취업정보 제공
- 이력서·면접클리닉 등
- 동행면접
- 면접참여수당 (1회 20,000원~50,000원, 최대 5회)

4단계 (3~12개월) — **사후관리** | 취·창업 후 적응 등 지원
- 취·창업자 직장 적응 지원
- 미취업자 취업 지원
- 취업성공수당 (12개월 근속시 150~200만원)
  - 근속 1개월 20만원
  - 근속 3개월 30~50만원
  - 근속 6개월 40~60만원
  - 근속 12개월 50~70만원

※ 상세요건은 담당 상담사에게 문의(미충족시 수당 지급 불가)

고용촉진장려금 제도를 아시나요?

고용촉진장려금이란 취업 취약계층을 채용하는 사업주에게 정부에서 지원금을 지급하는 제도입니다.

- **지원부처** : 고용노동부
- **지원대상** : 허그일자리지원 프로그램 1개월이상 참여자 중 1단계를 수료하고 2단계 또는 3단계에 참여하고 있거나 3단계를 마친 취업희망풀에 등록된 구직자를 채용하는 사업주
  ※ 단, 초기상담일로부터 1개월 미만 참여자는 구직등록기간 또는 실업기간이 3개월 이상이어야 함 (1단계 수료는 필수)
  ※ 취업희망풀은 워크넷(www.work.go.kr) 기업회원가입 후 확인 가능
  ※ 업체는 채용 대상자 고용 전3개월부터 고용 후 12개월 동안 고용조정으로 인한 감원 이력이 없어야 함
- **지원내용** : 채용 후 6개월 마다 신청가능하며 최대 1년까지 지원

업체구분	연간 최대지원금액	6개월 지급액
우선지원대상기업	720만원	360만원
대규모기업	360만원	180만원

▶ 고용촉진장려금 신청 및 상세요건 문의 : 사업장 소재지 관할 고용센터 기업지원과(팀)

허그일자리지원 프로그램 신청

01 참여 대상

보호관찰 등에 관한 법률 제3조에 따른 형사처분 또는 보호처분을 받은 사람

02 신청 절차 및 선정

신청
- 출소예정자·보호관찰대상자 (만 18세~64세 이하) 교정, 소년원, 보호관찰소 등의 추천서와 신청서
- 위기청소년(만15세 이상) 소년원, 보호관찰소의 추천서와 신청서
- 그 외 대상자는 공단 방문 신청(만 18세 이상)

심사
- 참여 자격 요건 확인

선정 및 통보
- 개별신청자 서면, E-mail, SNS, 유선 등으로 선정 결과 통보
- 추천기관을 통한 신청자 추천기관에 선정 결과 통보

03 신청서류

참가 신청서 / 출소증 또는 추천서 / 구직 신청서
개인정보 수집·이용·제공 동의서

04 참여자 제외

- 재정지원일자리 사업에 참여 중인자
- 고용보험 취업자 및 자영업자
  - 영세사업자, 특수형태 근로자의 경우 상담 요망
- 주간 전일제 중·고등학생 및 대학·대학원생
- 심신상 정상적인 사업 참여가 곤란하다고 판단되는 자
- 대한민국 국적 미보유자
- 취업 의지가 없는 자 및 직업훈련에만 관심 있는 자
- 허그일자리지원 프로그램 재 참여자는 일정기간 참여 제한

※ 상세한 선정 요건 및 신청 서류는 거주지 관할 기관에 문의

/ 서비스 목적

취업지원 및 알선을 통해 안정적인 자립기반 마련 및 자생력 함양

/ 보호서비스 대상자

형사처분 및 보호처분을 받은 사람으로서 자립을 위해 보호의 필요성이 인정되는 자

- 직업훈련을 통한 자격 취득자, 출소 후 취업에 어려움을 겪는 사람
- 허그일자리지원프로그램을 통해 단계적 취업지원서비스를 받고 취업에 성공하고자 하는 사람

/ 서비스 제공 흐름도

일반취업지원

방문
[준비서류]
- 수용(출소)증명서 or 기관의뢰서
- 신분증(주민등록증 or 운전면허증)

상담 및 보호신청
[신청서류]
- 법무보호서비스신청서, 개인정보 동의서(공단)

보호심사
[심사기간] 권장기간 7일
[심사주체]
- 보호심사회 : 지부(소)장, 취업지원과장, 담당자 등

고용예정 기업조사
[처리기간] 보호신청 후 1개월 이내
[처리내용]
- 신청 직종과 맞는 고용가능(협력)업체 조사
- 면접 일정 조정

동행면접
[프로그램의 종류 및 내용]
- 고용가능업체 동행 방문 면접 실시 후 취업희망자, 고용주의 채용의사 일치 시 취업결정

취업개시 및 유지
[취업성공]
- 취업활동 개시 및 유지

보호종료 및 사후관리
[보호종료]
- 취업활동을 안정적으로 1년이상 지속한 자
- 질병·이사·연락두절 등 부득이한 사유로 퇴사한 자

[사후관리] 본인 동의 하에 진행(최대 1년)

방문
[준비서류]
- 수용(출소)증명서 or 기관의뢰서
- 신분증(주민등록증 or 운전면허증)

상담 및 보호신청
[신청서류]
- 참가신청서, 개인정보 동의서, 구직신청서, 취업역량탐색지

심사 및 선정
[심사기간] 권장기간 7일
[심사내용]
- 자격 제외 대상
  정부지원일자리 사업참여자(취업성공패키지, 실업급여 등)
  취업자, 사업자, 학생, 국적미보유자, 재참여자
  취업의지가 없고 직업훈련에만 관심 있는자

1단계
[취업설계] (최소 10일~최장 2개월)
- 초기상담, 직업심리검사, 집단상담
- IAP(취업활동계획) 수립
※ 참여수당 최대 25만원 지급
(단, 생활관거주자, 출소예정자 등 제외)

2단계
[직업능력개발] (전체 8개월)
- 직업훈련(최장 6개월), 창업교육 등
- 교육비 최대 300만원
  · 훈련참여지원수당(월 최대 284,000원)
  · 훈련장려금(월 최대 116,000원)
  ※ 출석비율에 따라 지급금액이 없거나 출석일수 인정에 따른 금액 상이, 수급자는 훈련수당 미지급
※**본인 필요에 의해 진행하는 단계(생략가능)**

3단계
[취업성공]
- 취업정보제공
- 동행면접(면접참여수당 1회 18,000원, 최대 5회)
- 이력서/면접크리닉 등

사후관리
[사후관리]
- 취·창업자 직장 적응 등 지원
- 미취업자 취업지원
  ※ 취업성공수당(180만원) : 근속 1개월 20만원
  3개월 50만원, 6개월 50만원, 12개월 60만원

출소자 생계지원금 신청방법
(긴급복지 지원제도, 저소득층 기초생활보장)

갑작스러운 일, 위기상황 등으로 생계유지가 어려워진 출소자 등을 포함한 저소득층에게 생계지원금(의료지원, 주거지원 등)을 신청하여 위기상황에서 회복될 수 있도록 하는 제도입니다. 출소자로 제목을 지었으나, 저소득층이라면 신청이 가능합니다. 생계지원금 신청방법 (긴급복지지원제도, 기초생활보장)에 대해 알아봅니다.

긴급복지 생계지원 대상자 알아보기

1. 주 소득자가 사망이나 가출, 행방불명, 구금시설 수용 등의 사유로 인해 소득이 없는 경우
2. 중대한 질병이나 부상을 당한 경우
3. 가구 구성원으로부터 방임되거나 유기, 학대 등을 당했을 때
4. 화재나 자연재해 등으로 거주하고 있는 주택이나 건물에서의 생활이 어려워진 경우
5. 주소득자나 부소득자의 휴업이나 폐업 또는 사업장의 화재 등으로 영업이 어려워진 경우
6. 주소득자나 부소득자의 실직으로 소득이 상실된 경우
7. 보건복지부령으로 정하는 기준에 맞게 지방자치 단체의 조례로 정한 사유 발생시
   - 소득활동 미미(가구원 간호/간병/양육), 기초수급 중지/미결정, 수도/가스 중단, 사회보험료/주택임차료 체납 등
8. 그 밖에 보건복지부 장관이 정하여 고시한 경우
   - 주 소득자와의 이혼
   - 전기가 단전된 경우
   - 교정시설에서 **출소한** 자가 생계가 곤란한 때
   - 가족으로부터 방임, 유기 되거나 생계곤란 등으로 노숙하는 경우
   - 복지사각지대 발굴대상자, 통합사례관리 대상자/자살고위험군으로 생계가 어렵다고 추천받은 경우
   - 한시적으로 코로나19로 인하여 주소득자나 부소득자가 무급휴직 등으로 소득이 없는 경우
   - 한시적으로 코로나19로 인하여 자영업자나 특수형태근로자, 프리랜서인 주소득자나 부소득자의 소득이 급격히 낮아진 경우

대상자는 _소득기준과 재산기준_에 충족되어야 지원금을 받을 수 있습니다.

소득기준
   - 기준 중위소득 75% 이하여야 합니다.

<표> 가구인원 수별 기준 중위소득 75%확인하기

2025년 기준 중위소득 100%	
1인가구	2,392,013원
2인가구	3,932,658원
3인가구	5,025,353원
4인가구	6,097,773원
5인가구	7,108,192원
6인가구	8,064,805원

재산기준

<도시별 재산 기준>

- 대도시: 1억 8,800만원 이하
- 중소도시: 1억 1,800만원 이하
- 농어촌: 1억 100만원 이하

<금융재산 기준>

- 500만원 이하
  (주거지원의 경우에는 700만원 이하)

지원 방법

긴급복지지원제도로 지원을 받을 수 있는 것은 주급여와 부가급여입니다. 거기에 민간기관이나 단체로 부터 연계한 지원도 받을 수 있습니다.

<주급여 종류>

종류	지원내용	최대횟수
생계지원	식료품비, 의복비 등 1개월 생계유지비	6회
의료지원	각종 검사, 치료 등 의료서비스 지원 300만원 이내(본인부담금 및 비급여 항목)	2회
주거지원	국가, 지자체 소유 또는 타인 소유의 임시거소 제공 - 제공자에게 거소사용 비용 지원 형태	12회
복지시설이용지원	사회복지시설 입소 또는 이용서비스 제공 - 시설운영자에게 입소비, 이용비용 지급	6회

※주급여, 종류별 복합지원 가능

<부가급여 종류>

종류	지원내용	최대횟수
교육지원	초,중,고등학생 중 수업료/입학금 등이 필요하다고 인정되는 자에게 학비 지원 -초등학생: 221,600원 -중학생: 253,700원 -고등학생: 432,200원	2회 (4회)
그밖의 지원	위기사유 발생으로 생계유지가 곤란한자 - 동절기(10월~3월): 연료비 98000원/월 - 해산비(70만원), 장제비(80만원), 전기요금(50만원이내): 각 1회	1회(연료비 6회)

※주급여 지원가구를 대상으로 해당사항이 있는 경우 부가급여도 추가 지원됨
※교육지원의 경우 주거지원 대상에 한해 최대 4회까지 지원

<지원금액>

가구 인원수별 지급금액	
1인가구	765,444원
2인가구	1,258,451원
3인가구	1,608,113원
4인가구	1,951,287원
5인가구	2,274,621원
6인가구	2,580,738원

※지원금액은 현금으로 지급됩니다.
-> 7인가족 이상인 경우 1명이 증가할 때마다 22만 5400원을 추가지원 됩니다.

신청방법

<지원절차>

1. 위기상황발생 인지
2. 긴급지원 요청 - 시군구청에 보건복지부상담센터로 요청합니다. (전화번호 ☎129)
3. 현장 확인 후 선지원
    -> 지원이 불가한 경우에 1달 이내 이의신청도 가능 -> 10일 이내 시,군,구로 관련 서류 제출
4. 사후 조사 - 시, 군, 구청에서 사후 조사
5. 적정성 심사
    -> 적정한 경우 지원연장 또는 지원종료
    -> 부적정한 경우 비용전액환수 또는 일부환수, 환수면제

<신청방법 및 신청하는 곳>

긴급복지지원금 신청방법은 신청서는 없으며, 신청을 원할 경우 시군구청이나 가까운 읍,면,동사무소 또는 보건복지상담센터로 상담 후 바로 신청이 가능합니다.

● 방문신청: 시, 군, 구청에 방문해서 신청하거나,
● 전화신청: 보건복지부상담센터 ☎129

<출소자 증명서 발급 방법>

수용자 또는 출소자인 사실에 대하여 확인서를 발급받는 방법입니다.

1. 방문발급시

   신분증(운전면허증, 주민등록증) 을 지참하여 가까운 교도소/구치소/교도소지소의 민원실에 방문하여 발급받는 방법입니다.

   민원증명발급의 경우 본인이나 가족, 위임을 받은 사람만 발급이 가능합니다.

   출소(수용) 증명서를 발급할 때 대리인이 발급할 경우 위임장이 필요합니다.

2. 인터넷 발급방법

   정부24 홈페이지 이용

   인터넷으로 할 경우에는 공인인증서 가 필요합니다.

   다음 법무부 사이트 www.kics.go.kr 로 접속하여 회원가입을 하여 전자민원 신청으로 발급을 받을 수 있습니다.

   빨간박스 3개를 참고하시면, 서비스 바로가기에서 법무부 민원신청으로 들어가시면 됩니다.

법무부 전자민원서비스 이용하기

3. 출소하는날 또는 그전에 담당 직원을 통하여 발급받을수 있습니다. (보고전)

   번외 사항으로 필자는 23년 1월초에 출소후 강원도 춘천에서 월 74만원 정도를 3개월 지급 받았습니다.

   처음 신청하면 자동으로 3개월 지급이 원칙이고 3개월 이후 다시 연장 신청을 할 수 있습니다.

   ※주의 사항 : 마지막 지원금을 받고 7일 이내 신청을 하지 않으면 연장을 할 수 없습니다. (최대 6개월)

압수물가환부신청서

※ ▨ 어두운 난은 신청인이 적지 않으며, 뒤쪽의 이의 신청 안내를 읽어보시기 바랍니다.
※ [ ]에는 해당되는 곳에 √표를 합니다.

(앞쪽)

접수번호		접수일자		처리기간	즉시

신청인	성명		주민등록번호	
	주소			
	전화번호/팩스번호		압수물에 대한 관계	[ ] 제출인, [ ] 피해자, [ ] 소유자, [ ] 기타(　　　)

사건번호	20　　년　　형제　　　　호
피 의 자	
신청사유	

　아래 압수물을 가환부 받을 경우, 훼손·폐기·양도·질권설정 등 어떠한 처분행위를 하지 않을 것임은 물론, 선량한 관리자의 주의를 다하여 보관하고, 귀청으로부터 제출명령을 받을 때에는 언제든지 제출하겠으니, 가환부하여 주시기 바랍니다.

품　　명	수　량	품　　명	수　량

년　　월　　일

신청인　　　　(서명 또는 인)

○○지방검찰청검사장　귀하

첨부서류	없 음		수수료 없 음

담당자확인	압수번호		증제번호	
주임검사 결정	검사			
가　　부	불허이유			

재판기록열람 등사청구권 위임장

사　　　건　　　20○○ 고단 ○○○○호 사기

피　고　인　　　○○○

구 금 장 소　　　○○ 구치소(수감번호 ○○○○)

　　귀원에 재판계속중인 위 피고사건에 관하여 구속피고인은 재판기록의 열람 및 등사청구권 등의 일체권한을 다음 사람에게 위임합니다.

수 임 인　　성　　　명: ○○○

　　　　　　주　　　소: ○○시 ○○구 ○○동 ○○○

　　　　　　관　　　계: 형제

　　　　　　　　　　　　　　20 ． ． ．

　　　　　　　　　　　　　　　　　위 피고인 ○○○ (무인)

　　　　　　　　위 피고인 본인의 무인임을 증명함.

　　　　　　　　　　　　　　　　○○구치소 교사 ○○○ (인)

　　　　　　　　　　　　　　　　　　　○○**지방법원 귀중**

항 소 이 유 서

사 건 :   [담당법원: 담당재판부: 제   부]

피고인 :

피고인은 20 . . .   죄로   법원에서   형의 선고를 받고 이에 불복하여 항소하였는바, 아래와 같이 항소이유서를 제출합니다.

⦿ 항소이유의 요지 (항소이유로 주장하는 항목 옆의 괄호에 ○ 표를 합니다.)
  1. (　) 원심의 형량이 너무 무거워서 부당하다.
  2. (　) 피고인은 원심이 유죄로 인정한 범죄 전부(　) 또는 그 중 일부(　)를 저지른 바가 없다.
  3. (　) 원심의 판단에는 헌법, 법률, 명령, 규칙을 위반하였거나, 법리를 오해하여 판결에 영향을 미친 위법이 있다.
  4. 기타사항 :

⦿ 위 항소이유에 관한 구체적 설명
  ※ 항소이유서에는 형사소송규칙 제155조에 따라 항소이유를 구체적으로 명시하여야 합니다. 적법한 항소이유의 기재가 없는 경우 항소가 기각될 수 있으므로 항소이유를 구체적으로 기재하시기 바랍니다(별도 용지 사용 가능).

20 . . .

피고인 :   (날인 또는 서명)

연락처 :

법 원 귀중

항 소 장

사　건:

피 고 인:

　　위 사건에 관하여 피고인은 귀 법원에서 20 . . . 판결을 선고받았으나 이에 불복하므로 항소를 제기합니다.

20 . . .

　　　　　　　　　제출인(피고인)　　　　(서명 또는 날인)

주소:

연락 가능한 전화번호:

법원 귀중

탄 원 서

사 건 번 호
사 건 명
피 고 인   ○○○

탄 원 인   이　름 :
            전화번호 :
            주　소 :

　　　　존경하는 재판장님. 저는 위 사건 피고인 ○○○과 □□□□의 관계가 되는 사람입니다. 바쁘신 와중에 잠시라도 시간을 내어 탄원민의 읍소를 읽어주심에 진심으로 감사의 말씀을 드립니다.

피고인 ○○○은 ☆☆☆한 가정에서 자라온 성실하고 선한 사람입니다. 경제적으로 여유가 있는 삶은 아니지만 가족과 직장동료들 사이에서 그 성품과 근면함에 대한 인정을 받고 살아온 사람입니다.

최근 ○○○가 순간적인 판단 착오로 인해 △△△의 범죄를 저지르고 재판을 받고 있다는 이야기를 듣고 탄원인과 그 주변인들은 너무도 안타까웠습니다. 이에 조금이나마 재판장님께서 피고인을 판단하심에 있어 선처를 구하십사 탄원서를 제출하게 되었습니다.

재판장님. 피고인 ○○○와 □□□□의 관계되는 탄원인 본인은 앞으로 ○○○가 다시는 이런 실수를 하지 않도록 지켜보며 선한 길로 선도하겠사오니 부디 피고인의 반성하는 태도와 탄원인들의 바람을 헤아리시어 한 번 만 선처를 부탁드립니다.

　　　　　　　　　　　　20 .　.　.

　　　　　　　　　　　　　　　　　　　위 탄원인 ○○○ (인)

(인감을 찍고 인감증명서를 첨부 or 서명을 하시고 주민등록증을 복사해서서 동봉해주세요)

반 성 문

사 건 번 호
사 건 명
피 고 인　　　○○○

　　　존경하는 재판장님. 저는 위 사건 피고인 ○○○입니다.

1. 사건의 경위 (목차는 적지 않으셔도 됩니다.)

공소장에 기재된 사실관계의 범죄를 저지르게 된 경위는 다음과 같습니다.
(범죄를 저지르게 된 경위와 사유를 간단히 적어주세요.)

2. 피해자에 대한 진지한 반성의 태도 (목차는 적지 않으셔도 됩니다.)

이번 사건으로 인하여 저는 □□□□죄가 피해자들에게 얼마나 큰 상처와 피해로 다가오는지 가슴 속 깊이 깨닫게 되었습니다. 이에 피해자들에게 진지한 사죄의 의사를 조심스럽지만 진지하고 깊은 반성의 태도로 전달하고 있으며 향후 이와 관련된 유무형의 피해에 관하여도 변제해 나갈 것입니다.
(피해자들과의 합의 노력 및 합의 여부에 관하여 간단하게 적어주세요.)

3. 피고인의 다짐 (목차는 적지 않으셔도 됩니다.)

피고인의 향후 위와 같은 범죄를 저지르지 않을 것이며 그 예방을 위하여 △△△치료를 병행할 예정입니다. 뿐만 아니라 주변에도 위와 같은 범죄행위의 위험성을 경고하는 등 사법질서의 확립을 위해 노력하겠사오니 부디 법이 허용하는 범위 내에서 최대한의 선처를 부탁드립니다.

　　　　　　　　　　　　20 . . .

　　　　　　　　　　　　　　　　　　　위 탄원인 ○○○ (인)

(인감을 찍고 인감증명서를 첨부 or 서명을 하시고 주민등록증을 복사하셔서 동봉해주세요)

이 력 서

지원부서	
긴급 연락처	

사 진 3 X 4	성 명		주민등록번호	
	본 적			
	주 소			
	E-MAIL			

학력 사항	졸업년월	학 교	전 공	졸업구분	소재지

경력 사항	근무처명	기 간	담당직무	직 위	사직사유

자격 및 외국어	취득일	자격증명	시행처	외국어시험	
				시험명	점수

병역	병역구분	복무기간	군 별	계 급	면제사유

위의 기재사항은 틀림이 없음을 확인합니다.

20 년 월 일

지 원 자 :   (인)

[별지 제1호 서식]

정보공개 청구서

※ 접수일자·접수번호는 청구인이 기재하지 않습니다.

※ 접수 일자			※ 접수 번호	
청구인	성명		생년월일	
			주민등록(여권□외국인등록)번호 (※ 본인 확인 필요시)	
			사업자(법인□단체) 등록번호	
	주소 (소재지)		전화번호 (팩스번호)	
			이메일 주소	
정 보 내 용				
공 개 형 태		□열람 □시청 □사본 □출력물 □전자파일 □복제 □인화물 □기타( )		
수 령 방 법		□직접 방문 □우편 □팩스 □이메일 □기타( )		
수수료감면	해당여부	□해당 □해당 사항 없음		
	감면사유	※ 「법원정보공개규칙」 제17조제3항에 따라 수수료 감면대상에 해당하는 경우 기재하며, 감면 사유를 증명할 수 있는 서류를 첨부하시기 바랍니다.		

「공공기관의 정보공개에 관한 법률」 제10조제1항 및 「법원정보공개규칙」 제4조제1항에 따라 위와 같이 정보의 공개를 청구합니다.
※ 공개 청구 된 공개대상 정보의 전부 또는 일부가 제3자와 관련이 있다고 인정되는 경우에는 법 제11조제3항에 따라 청구사실이 제3자에게 통지됨을 알려드립니다.

20 . . .

청구인   (서명 또는 날인)

(접수기관의 장)   귀하

접 수 증

접수 번호			청구인 성명		
접수자	직급		성명		(서명 또는 날인)

귀하의 청구서는 위와 같이 접수되었습니다.

20 . . .
(접수 기관)

※ 정보공개의 처리와 관련하여 문의 사항이 있으면 담당부서(전화 혹은 방문)로 문의하여 주시기 바랍니다.

보석허가청구서

사　건

피　고　인

　　　　　　　　　　　　　　청 구 취 지

　피고인　　　　　에 대한 보석을 허가한다
라는 결정을 구합니다.

　　　　　　　　　　　　　　청 구 원 인

첨부서류 : 1 . 주민등록등본(호적등본)
　　　　　 2 . 재산관계진술서
　　　　　 3 .

　　　　　　　　　　　　　20　 .　 .

　　　　　　　　　　　청구인의 성명　　　　(서명 또는 날인)
　　　　　주소:
　　　　　피고인과의 관계:
　　　　　연락 가능한 전화번호:

　　　　　　　　　　　　　　　　　　　　　　　법원 귀중

사서함주소록

기관	주소	우편번호
서울구치소	경기도 군포우체국사서함 20호	15829
	경기도 의왕시 안양판교로 143(포일동)	16001
안양교도소	경기도 안양우체국사서함 101호	14047
	경기도 안양시 동안구 경수대로508번길 42	14122
수원구치소	경기도 수원우체국사서함 17호	16326
	경기도 수원시 팔달구 팔달문로 176	16492
서울동부구치소	서울특별시 송파우체국사서함 177호	05661
	서울특별시 송파구 정의로 37	05857
인천구치소	인천광역시 남인천우체국사서함 343호	21552
	인천광역시 미추홀구 학익소로 30	22220
서울남부구치소	서울특별시 구로우체국사서함 164	08365
	서울특별시 구로구 금오로 865	08367
화성교도소	경기도 화성시 경기남양우체국사서함 3호	18258
	경기도 화성시 마도면 화성로 741	18539
여주교도소	경기도 여주우체국사서함 30호	12627
	경기도 여주시 가남읍 양화로 107	12655
의정부교도소	경기도 의정부시 의정부우체국사서함 99호	11778
	경기도 의정부시 송산로 1111-76	11797
서울남부교도소	서울특별시 서울구로우체국사서함 165	08365
	서울특별시 구로구 금오로 867	08367
춘천교도소	강원도 춘천시 춘천우체국사서함 69호	24364
	강원도 춘천시 동내면 신촌양지길 5	24406
원주교도소	강원도 원주시 원주우체국사서함 87호	26485
	강원도 원주시 북원로 2155	26383
강릉교도소	강릉시 강릉시 강릉우체국사서함 43호	25550
	강원도 강릉시 공제로 413-15	25522
영월교도소	강원도 영월군 영월우체국사서함 2호	26233
	강원도 영월군 영월읍 팔괴로 110-27	26240
강원북부교도소	강원도 속초시 속초우체국사서함 2호	24862
	강원도 속초시 동해대로4511번길 13	24802
수원구치소 평택	경기도 평택시 평택우체국사서함 6호	17895
	경기도 평택시 평남로 1046-10(동삭동)	17848
소망교도소	경기도 여주시 여주우체국사서함 23호	12627
	경기도 여주시 북내면 아가페길 140	12612
대구교도소	대구광역시 성서우체국사서함 7호	42620
	대구광역시 달성군 화원읍 하빈면 하빈로 204	42902
부산구치소	부산광역시 사상우체국사서함 58호	46974
	부산광역시 사상구 학장로 268	47016
청송1교도소	경북 청송군 진보면 진보우체국사서함 1호	37049
	경상북도 청송군 진보면 양정길 231	37402
부산교도소	부산시 강서구 강서우체국 사서함 50호	46700
	부산광역시 강서구 대저중앙로29번길 62	46700
창원교도소	경상남도 창원시 마산회원구 마산우체국사서함 7호	51304
	경상남도 창원시 마산회원구 송평로 39	51308
진주교도소	경상남도 진주시 진주우체국사서함 68호	52684
	경상남도 진주시 대곡면 월암로23번길 39	52604
포항교도소	경북 포항시 북구 흥해읍 포항흥해우체국사서함 2호	37542
	경상북도 포항시 북구 흥해읍 동해대로 1001	37565
대구구치소	대구광역시 수성우체국사서함 48호	42123
	대구광역시 수성구 달구벌대로 541길 36	42066
청송직훈소	경상북도 청송군 진보우체국사서함 2호	37402
	경북 청송군 진보면 진보로 215	37405
안동교도소	경상북도 안동시 풍산읍 안동풍산우체국사서함 1호	36621
	경상북도 안동시 풍산읍 경서로 4380-23	36621
청송2교도소	경상북도 청송군 진보면 진보우체국사서함 5호	37409
	경상북도 청송군 진보면 양정길 110	37402
김천소년교도소	경상북도 김천시 김천우체국사서함 12호	39590
	경상북도 김천시 영남대로 1968	39655
청송3교도소	경상북도 청송군 진보우체국사서함 3호	37409
	경상북도 청송군 진보면 양정길 231	37402
울산구치소	울산광역시 울주군 온양읍 울산온양우체국사서함 1호	44974
	울산광역시 울주군 청량읍 청량천변로 103-9	44960
경주교도소	경상북도 경주시 경주우체국사서함 45호	38153
	경상북도 경주시 내남면 포석로 550	38197
통영구치소	경상남도 통영시 통영우체국사서함 17호	53043
	경상남도 통영시 용남면 용남해안로 277	53029
밀양구치소	경상남도 밀양시 밀양우체국사서함 8호	50445
	경상남도 밀양시 부북면 춘화로 124	50403
상주교도소	경북 상주시 상주우체국사서함 20호	37190
	경상북도 상주시 사벌국면 목가2길 130	37123
대전교도소	대전광역시 유성구 유성우체국사서함 136호	34186
	대전광역시 유성구 한우물로 66번길 6	34222
천안개방소	충청남도 천안시 천안우체국사서함 36호	31198
	충청남도 천안시 서북구 신당새터1길 1	31082
청주교도소 부속의원	충청북도 청주시 서청주우체국사서함 100호	28426
	충청북도 청주시 서원구 청남로 1887번길 49	28634
천안교도소	충남 천안시 서북구 성환읍 성환우체국사서함 20호	31016
	충청남도 천안시 서북구 성거읍 천일고1길 127	31051
(여)청주교도소	충청북도 청주시 서청주우체국사서함 145호	28426
	충청북도 청주시 서원구 청남로 1887번길 78	28634
공주교도소	충청남도 공주시 공주우체국사서함 13호	32546
	충청남도 공주시 장기로 21-45	32589
충주구치소	충청북도 충주시 엄정면 엄정우체국사서함 1호	27313
	충청북도 충주시 산척면 천등박달로 222	27315
홍성교도소	충청남도 홍성군 홍성읍 홍성우체국사서함 9호	32247
	충청남도 홍성군 홍성읍 충서로1245	32244
홍성서산소	충청남도 서산시 성연면 성연우체국사서함 1호	31930
	충청남도 서산시 성연면 두치로 343	31930
대전논산소	충청남도 논산시 성동면 성동우체국사서함 1호	32927
	충청남도 논산시 성동면 금백로 662-19	32928
광주교도소	광주시 북구 북광주우체국사서함 63호	61124
	광주광역시 북구 동문대로 261	61135
전주교도소	전라북도 전주시 전주우체국사서함 72호	55128
	전라북도 전주시 완산구 구이로 2034	55128
순천교도소	전라남도 순천시 순천우체국사서함 9호	57987
	전라남도 순천시 서면 백강로 790	57905
목포교도소	전라남도 무안군 일로읍 일로우체국사서함 1호	58574
	전남 무안군 일로읍 일로중앙로 78	58574
군산교도소	전라북도 군산시 군산우체국사서함 10호	54025
	전라북도 군산시 옥구읍 할미로 127	54172
제주교도소	제주특별자치도 제주시 제주우체국사서함 161호	63166
	제주특별자치도 제주시 정실동길 51	63147
장흥교도소	전라남도 장흥군 장흥읍 장흥우체국사서함 1호	59328
	전라남도 장흥군 용산면 장흥대로 2667	59345
해남교도소	전라남도 해남군 해남우체국사서함 6호	59027
	전라남도 해남군 옥천면 해남로 521	59021
정읍교도소	전라북도 정읍우체국사서함 1호	56163
	전라북도 정읍시 소성면 저동길 45	56213
거창구치소	경상남도 거창군 거창우체국사서함 1호	50132
	경상남도 거창군 거창읍 거열산성로 73	50130

담장너머

초판 1쇄 발행 2023년 05월 15일
개정판 9쇄 발행 2025년 10월 30일

지은이 최하목
펴낸이 백스크레쳐 대표

편집 최하목
디자인 최한별
제작 백스크레쳐 출판사   **제작처** 인쇄소 천일문화사

펴낸곳 Back Scratcher
출판등록 2023년 01월 30일 제 2023-000001 호
주소 강원도 춘천시 온의동 572번지 한주아파트 상가동 1층 봄2호
전자우편 chm5008@Icloud.com | **전화** 010-2396-4336 |

copyright ⓒ 최하목, 2023, Printed in Korea
ISBN 979-11-982075-0-0 (13030)

- 이 책은 저작권법에 따라 보호받는 저작물이므로 무단 전재와 무단 복제를 금합니다.
- 잘못 만들어진 책은 구입한 곳에서 교환해드립니다.